La licorne Bleue
et
les
Commencements

ADSO

La Licorne Bleue

Et

les

Commencements

Empédocle, l'un des philosophes grecs de l'école des présocratiques avait conscience et volonté d'étudier la notion de commencement : qu'il rangeait avec l'étude de la cosmogonie, de l'ontologie, de l'éthique et de la médecine. C'est en parcourant le domaine de l'espace, de la philosophie, qu'il appris et nous a appris à prendre soin de l'humain et de son lieu de vie : l'univers.

En regardant le Ciel, l'homme et la femme peuvent vivre ou se remémorer la prochaine fois, ou saisir l'instant d'un commencement. Parce que le ciel est le reflet, le miroir de l'existence, il surplombe notre terre, et semble inlassablement l'observer.

Le temps sous les hospices de la divinité, reste mystérieux, sublime, intemporel. Ainsi, le saississement d'un (de) commencement(s) reste un moment réellement de grand bonheur. Un bonheur offert à l'homme dans la simplicité empirique de la perception. Le monde reste un champ d'étude, permanent et procure de merveilleuses surprises.

Quand il ne fait pas de référence à Dieu, le bonheur trouve son arkhé dans l'observation et le respect de la nature. C'est ce à quoi le philosophe Empédocle a consacré son existence à travers l'étude et l'application : des quatre éléments (l'eau, la terre, l'air, le feu), la conception cyclique du temps et du cosmos, la dualité des principes. Alliant ainsi l'existence humaine à sa coordination avec l'ensemble de la création, toujours en cadence sur les ailes du temps, en prenant garde de ne pas oublier la dualité des principes, soit le manichéisme basique du bien et du mal, du haut et du bas, du chaud et du froid. Seuls les oiseaux peuvent vivre dans tous ces domaines, sans connaître la souffrance, voire sans commettre d'interdits.

Ainsi, on peut s'interroger et partir en quête de l'"instant" : où se génère le commencement dans l'espace-temps de la création. L'instant existe dans la création, et non dans l'espace et le temps qui sont, par définition intemporels.

Pour Empédocle, la matière s'apparente à la création et il dit : "toute la matière est constituée d'éléments."

Aussi bien Ézéchiel avait profondément foi, en l'éternel retour, et la résurrection, les quatre éléments deviennent une force immanente et permanente dans l'agencement de l'univers par les penseurs. La pensée a elle aussi un commencement, et c'est toujours très émouvant d'observer la naissance d'un concept (qu'il soit philosophique, ou non), la création d'une œuvre puisque celles ci entraînent une cascade d'émotions. Chaque émotion ouvrant le pas à une nouvelle réflexion, parfois une grande pensée, et ou simplement un splendide sourire intérieur. Comme la première fois où l'on voit un arc-en-ciel ...

© 2019 ADSO

Édition : Bod- *Books on demand*
12/14 rond-point des Champs Elysées
75008 Paris
Imprimé par – Books on Demand, Nordestedt
ISBN : 9782322080731
Dépôt légal june 2019

La Licorne bleue et Abraham

Abram est le principal patriarche, car il est "le père exalté",
Car il a fait tout oublier et commencer.
Sa vie commence peut-être par une cadence,
Dans les régions du Néguev, le désert qui recule et avance.
Toujours dans la bienveillance.
Ainsi au Sud et ailleurs dans le désert d'Israël,
Veille et veillera toujours l'Éternel ;
Dans un temps indéfini,
Où j'avais besoin de ta vie,
Pour te parler de mon amour infini,
Pour toi ;
Qui marchait, pour la première fois (?)
À côté de moi.
Je t'entendais chanter, et je pénétrais tes rêves avec douceur
Lorsqu'enfin tu ouvrais ton cœur,
Puisque déjà tu sentais,
À quel point je comprenais,
Comme un songe pénétrant,
Ton avenir fascinant.
Tu es mon horizon, lumineux, brillant
Et mon destin est de t'aimer chaque instant,
Pour te rassurer.
Oui, la vie du monde n'aura pas de fin,
Le soleil se lèvera chaque matin.
Ensemble, nous irons à Séchem,

Ville de Canaan,
Et tu m'entendras te dire, simplement : "je t'aime."
Et, aux côtés d'Abram, nous marcherons, portés dans le vent.
Là, où repose dans la paix, Joseph qui a vécu avant et après …
Puisqu'aucun humain ne sait, ce qu'est l'éternité.
L'éternité, ce sera notre premier baiser :
La continuité de toutes nos pensées ;
Réunies dans ce moment tant espéré.
Je ne pourrai jamais te quitter.

C'est à Sichem, aussi, que Josué nous a fait un discours,
Que nous espérions avec la venue de ce jour :
Où il dit,
Au nom de la vie
"Je pris votre père, Abraham,
[…] lui donnai une nombreuse postérité,
[Rassemblée sous la même âme,
Près du chêne de Mambré],
Et le rendis père d'Isaac, [éternellement vénéré]"[i]
Nous pouvons voir Abraham, au cours de son existence
De plus en plus fort ;
Et ce que nous avons vécu comme une errance,
Fut en fait, le commencement de l'éternelle délivrance.
Et tu seras là, encore.
Même lorsqu'Abram quitte Ur, avec Terah, son père
Dans tous les cieux et dans tous les temps,

Résonnera la nouvelle, la prière.
Avec Saraï et Loth, ils s'installent à Harran.
Puis ils s'en séparent, avec leurs troupeaux
Et marchèrent vers le pays de Canaan,
En passant devant le chêne de Moré, un jour très beau.
D. a rendu les fleurs et les arbres puissants
Pour que leurs souvenirs, n'hésitent pas à aller vers l'avenir,
Extraordinaire. Là, où le patriarche a planté sa tente,
Et s'endort avec un magnifique sourire.
Dieu ignorait la puissance des êtres,
Qui allaient paraître,
Et réapparaître,
Dans ce désert, qui existe encore aujourd'hui
Et qui résonne des chants magnifiques de la vie.
Abram et Sarah,
Comme Moïse et Séphora ;
Le monde à chaque fois commençait là.
L'Éternel soufflait le vent dans le corps des enfants,
Qui sourient toujours dans la lumière de ton firmament.
Le peuple de Sichem s'accomplissait lentement vers Canaan.
Les patriarches, en avant ;
Tous les rois comme un grand cercle tout autour,
Pour surveiller la présence du courage et de l'amour
De chacun,
Et pas un de moins.
Il y avait surtout les voix célestes de tous les enfants,

Les porteurs des premiers et plus beaux chants,
Qui faisaient descendre sur ce désert, les étoiles prophétiques.
L'Éternel décidait pour tous, un destin fantastique …
Israël devenait de plus en plus fort,
Pour tous les millénaires qu'Abram portait dans son corps.
Et cette nuit d'amour avec Sarah
Le temps s'était arrêté encore une fois.
Leurs baisers, leurs enlacements,
Sous un vent chaud,
Avec une cruche d'eau ;
Et le chêne de Moré, plantait ses racines,
Dans une terre définitivement divine.
Faite de plaine, de forêts
De montagnes et d'endroits secrets.
"Abram s'avança dans le pays
[Poussé par la puissance de la vie]
Jusqu'au territoire de Sichem, jusqu'à la plaine de Môré ;
Le Cananéen habitait dès lors ce pays
[Et lui proposait puissamment l'infini]."[ii]
Le monde, qui écumait ne connaîtrait jamais de destruction,
Puisqu'à chaque instant les vingt-sept patriarches se relèveront.
Le cœur et l'esprit de ces peuples se remplissent de fleurs,
De joies, d'espoir et de couleurs.
Ils avancent depuis la nuit des temps,
Entourés d'une multitude d'anges,
Les bourreaux seront réduits au néant.

Et la victoire qui change,
D'un camp à l'autre,
Pour la mienne et bien sûr la vôtre
Sur la route étrangement bordée de flots, où se mélangent
L'espoir et la fureur.
D'un courage qui accompagne ton bonheur.
Et toujours nous garderons la lumière,
De cet arbre de prières ;
Qui selon la tradition lui donne un âge de cinq mille ans.
Le chêne semble mort, vers mille neuf cent,
Mais il est toujours debout,
Et devant lui se pose à genoux,
Les rivières,
De toute la Terre.
Où je nage vers toi,
Le cœur toujours en joie.
Puisqu'Abram honore son père Terah,
Et sa mère Amathlaah.

Peut-être l'arche était déjà là,
Berceau surprotégé de la Torah.
C'est bien là le plus grand mystère,
De notre désert.
"*Les gens de Kiryath-Yearim vinrent prendre l'arche du Seigneur,*
La transportèrent dans la maison [...],
[Avec une franche ardeur

Et le cœur sculpté dans les colonnes de la raison]
Sur la colline, [qui surplombait l'univers]
Et consacrèrent
Son fils Éléazar pour lui en confier [la protection
Dans toutes ses directions]."[iii]
Et Abram construit un autel,
Directement en-dessous du ciel.
Abraham est pour toujours "l'ami de Dieu."
Ils se parlent les yeux dans les yeux,
Amoureux du même rêve permanent
Construire une ville en Terre de Canaan.
Alors qu'il est encore dans le Néguev,
Il fait une invocation en rêve :
À la recherche de l'eau de Beer-Sheva
Il avait prévu la victoire dans ce pays là.
"[…], les valeureux soldats du corps d'armée australien
Et néo-zélandais [ont fait très bien]
Ont libéré Beer-Sheva pour les fils et les filles d'Abraham,
[Au seul son de leurs âmes],
Et […] permis au peuple juif de faire son retour dans l'histoire."[1]
La paix, restera un rêve de chaque soir.
Il y a des jours on l'on prie pour la paix.
La mémoire d'Abraham est inscrite sur les chemins de l'éternité,
Comme un amour sacré,

---

[1] Proclamation du premier ministre d'Israël, Monsieur Benjamin Netanyahu.

Où des unions ancestrales sont nées
Pour, sans le savoir
Devenir les ancêtres des plus grandes histoires :
Portées par le prophète, grand-père de trois civilisations :
Réunies étrangement dans la même région,
Un pays du monde, que l'on nomme Israël.
Qui porte la vie éternelle,
Depuis …, les commencements :
Il y eut quasi-simultanément, le judaïsme et l'Islam,
Issus des enfants d'Abraham,
Puis le christianisme, dans la présence de Jésus.

Abram descend en Égypte, son destin lui est alors inconnu
Sur la route, il demande à Saraï, de se présenter comme sa sœur,
Car il voulait vivre avec elle, un grand bonheur ;
Et c'est ce qui arriva !
Et il guettait chacun de ses pas à tous les endroits.
Dans le langage hébraïque, Sarah signifie "princesse"
Elle n'était qu'une femme aimante et prophétesse.
Aimée des juifs et du peuple gitan,
Elle savait respecter l'amour du vent.
À leur arrivée, Pharaon les reçoit dans son palais ;
L'inconnu allait commencer :
D'abord il y eut des cadeaux
Et un nouveau passage par le Néguev, guidé par le très haut.
Pour refaire une invocation,

Puisqu'il portait en son cœur, toutes les sensations,
D'un futur où ses descendants allaient rire et pleurer ;
Mais qui n'oublieront jamais,
L'existence,
D'une part, de l'arche d'alliance ;
Et l'espoir un jour de voir se lever l'horizon de la plus belle paix.
Dans le monde entier,
Pour une définitive éternité.
Les rois dans le secret,
Dansent en chantant.
Josué et Samuel,
Recevront de grandes grâces de l'Éternel :
Josué s'évanouit devant l'alliance,
Et Samuel commence son existence
Dans le temple à Silo, lieu où l'on demande des bénédictions,
Pour chacune des saisons ;
Où je demande pardon,
De t'aimer depuis si longtemps
Et de protéger toutes tes envies de tous les temps
Sans me poser d'avantage de questions.
Je ne sais pas qui je suis,
Mais savons-nous réellement de quoi sont faites nos vies ?
Est-il vraiment important de comprendre le sens,
De nos existences ?
Puisque la seule chose que l'on ressent,
Vraiment,

C'est l'amour !
Et je t'aime, chaque heure et chaque jour.
Depuis le commencement,
De notre temps.
À Silo, au centre de la Samarie
Je t'ai choisi,
Au simple son de ta voix, au téléphone,
Ta voix si douce, puis ton sourire
M'ont conduit à des nuits qui frissonnent,
Parce que tu sais, me faire rire,
Parce que tu ne cries jamais,
Alors pour toi, je parlerai toute ma vie,
Du ciel étoilé.
Puisque c'est toi, qui m'a parlé du paradis.
Au sud de Tirtza,
J'irai avec toi.
Et nous irons plus loin, que l'horizon
Le cœur en fête, sous le flambeau d'une protection,
Divine, car nous avons le sourire en mariage.
"[...] À l'orient de la route qui monte de Béthel à Sichem,
[De nos corps jailliront, enfin : ce je t'aime,
Et nous nous endormirons ensemble dans les nuages]
Et au midi de Lebona."[iv]
Oui, tu le sais comme moi, ce jour viendra.
Nous serons avec les fils d'Israël,
Pour les fêtes annuelles.

Samuel, juge, guerrier
Saura comment agencé,
La royauté du domaine sacré.
Il élit et bénit,
Les deux premiers (?) rois :
Murmurant tout bas
Qui auront une conception différente de la vie :
Saül, le furieux,
Puis enfin, David, le valeureux.
"David réunit donc tout Israël,
[Dans une volonté éternelle]
Depuis le Chihor,
[Le cœur puissant et extrêmement fort]
[…]
Jusqu'aux approches de Hamath,
[Sans qu'aucune violence n'éclate]
*Afin de transporter […] l'arche de Dieu"*ᴵⱽ
Du peuple juif l'incessant vœu.
Mais aucun humain ne sait ce qu'il en est advenue.
Diverses hypothèses se proposent à notre vue :
L'arche a résidé de nombreuses fois dans le temple de Salomon ;
Mais par ce mystère, on se pose de nombreuses questions.
Et c'est ce que l'Éternel a transcrit
Dans le livre de Jérémie.
La question du troisième Temple reste une évidence,
Élevée dans la lumière et toutes ses nuances.

La lumière de Dieu,
Plane dans tous les cieux.
L'arche est décrite comme un édifice perpétuel,
Accueillant pour l'éternité, la divinité d'Israël.
Axe fusionnel du monde pour de nombreux pays,
Elle contient une énergie d'amour et d'infini
Pour le calme aérien de nos vies
Qui subsistent depuis que le vent,
A caressé le temps.
Même si cela est troublant,
Cela ne doit pas inquiéter les populations du moment.
Y aura-t'il à nouveau des prédictions prophétiques ?
Ézéchiel continue à chanter ses chants magiques
Transportés par la main divine
Et des sens ultra-développés qui devinent,
Sans le dire ;
La vision de tous les empires ;
Qui chaque jour,
Respirent par notre amour,
Et la lumière du jour.
La lumière est une réalité,
Qui ne s'effacera jamais.
Elle fut là, dès les premiers temps
Et continuera à cristalliser l'océan.
Pour que le prisme luminaire,
Revienne un jour sur Terre.

Avec ses cortèges de fleurs,
De vie et de couleurs
Qui continuent à faire sourire les humains.
Reste à comprendre les secrets du matin,
Les rêves du monde sont des rêves d'amour,
Pour que la vie continue de tourner autour :
Du chêne de Mambré.
Aux rivières sacrées,
Qui me rapprochent de ta vie à chaque instant généré,
Par les étoiles, le vent.
Les rires de tous les enfants
Et ces sons, ces lumières conduiront logiquement,
À la construction du temple, …, simultanément.
Les exégèses précisent que ce Temple descendra du ciel.
La tradition considère que ce temple sera éternel.
Mais n'est-il pas secrètement caché,
Dans quelqu'endroit(s) sacré(s) ?
Le cœur de certains juifs fortifiés
Par l'espoir d'une tolérance et un rêve permanent de paix.
La paix qui conduit à la vie,
Le cadeau le plus joli ;
Qu'il nous a été offert,
Et nous respirons les yeux ouverts,
À l'écoute perpétuelle de la mer.
Une mer qui n'a jamais cessé de parler, de vibrer,
Sous le soleil et la lune,

Créant ici et là des plages, des dunes.
Des rivages ensoleillés,
Pour admirer le regard, la présence de l'immense force
Que l'amour produit dans la sève, sous l'écorce.
Des arbres qui fleurissent tout le temps
Dans une puissance d'amour, sans faux-semblants.
Jérémie n'écoutant que son cœur,
Aurait participé au camouflage de l'arche, pour le bonheur
Du monde entier,
Qui allume les couleurs des fées.

Jérémie emporte l'arche sur la montagne de Moïse
Où le patriarche allait cacher tout ce que sa vie a transmise.
Avec l'aide des anges, il l'a dissimula
Dans une grotte dont il obstrua l'entrée.
Ainsi le ciel est en haut et en bas,
Et je ne cesserai jamais de t'aimer.
Nous placerons,
Dans cette habitation ;
Des autels, des parfums ;
Pour chacun de nos matins.
À chacun de mes réveils, il me faudra choisir, sentir
De quel amour a besoin ton avenir.
Et je te demande à la fois pardon, et merci ;
À toi qui a tout compris,
En regardant la couleur du ciel dans mes yeux.

Depuis, je pense à un univers heureux.
Sous la protection d'un guerrier nommé à vie,
(Pour qui j'écris).
Écrire est un droit,
C'est le plus pacifique combat.
Ma force vient de toi,
Ne m'abandonne pas.
C'est toujours délicat de protéger un amour, lorsqu'il est si fort,
Je t'aime au-delà de ton corps,
Au-delà de tes vies passées.
Abraham ne nous oubliera jamais.
Je saurai t'écouter et préserver tes secrets.
Par la force mystérieuse de la poésie ;
C'est par elle, que j'ai découvert ta vie.
(Et je l'avoue, sans la comprendre totalement).
Tu es pour moi, comme le premier ruisseau sous le vent,
Et les oiseaux nous regardent en chantant.
Dans la tradition sacerdotale, Moïse n'a jamais quitté,
Le désert sacré,
Du Sinaï, vers l'une des quatre sources de la Torah
Versée dans Pichôn,
Ghihôn,
Hiddékel, puis l'Euphrate
Pour protéger l'humanité sous sa Loi.
Abraham marche la chevelure écarlate.
Abram ne se voulait pas tout le temps guerrier,

Son rôle premier est d'aimer toute l'humanité.
Puisque Dieu, lui avait insufflé un destin extraordinaire,
Qui allait peupler toute la Terre ;
Une Terre avec la douceur des oiseaux, et des levants ;
Comme un soleil, pour que tu n'aies jamais froid,
Et pour que nous soyons tous là
Assis ensemble devant l'océan.
Pour entendre les premiers pas de l'existence,
Et continuer la belle danse,
De nos fêtes dans le silence.
Puisqu'Abram est béni par Melchisédech, prêtre de Dieu
Pour être heureux :
Et devenir Roi de Salem
Dont la vision aime
"[…] Béni soit Abram de par le Dieu suprême,
Auteur des cieux et de la terre !".[vi]
Après ces événements encourageants,
Dieu, dans la nuit et dans le vent
Offre à Abram, une nouvelle alliance, peut-être la première,
Dieu lui promet une pléiade de descendants.
Et dès lors Abram se confond
Dans de très vastes questions :
Comment saura-t'il que le pays de Canaan lui appartient ?
Il n'a pas vu que l'Éternel a étendu sa main
Du futur, jusqu'au retour du jardin.

Dieu ajoute alors que ses descendants
Seront pendant quatre cents ans.
Tyrannisés par un pays, dont ils sortiront victorieux !
Par tous les messagers, au front bleu.
Abraham accepte la proposition de Sarah,
Princesse aux très doux bras …
Elle rêvait d'avoir un fils, et elle offre sa servante Agar ;
Sans connaître la fin de l'histoire …
Puisqu'elle n'était qu'une femme,
Dans laquelle Dieu, avait posé une licornesque âme.
Un messager d'Adonaï vient à Agar
Pour qu'elle enfante Ismaël
Sous une autre tente, un autre ciel.
Lentement, le destin d'Israël,
Allait paraître,
Et donner la force à tous les enfants de naître.
Portés par les chants de la lumière,
Qui feront toujours briller le désert.
Ce merveilleux Néguev qui a la forme d'un triangle
Qui pour certains, cache ses angles.
À l'ouest se trouve la péninsule du Sinaï,
Qui semble rétrécir sa taille,
Et devenir un jardin, plein d'orangers et de sources d'eau.
Il existe une frontière terrestre dissimulée sous les flots ;
Là où la vie est venue,
Pour la première fois,

Et ne repartira plus
Puisque les patriarches y ont laissé leurs pas.
Après la naissance d'Ismaël,
La vie d'Abraham se renouvelle :
À l'âge de quatre vingt-dix-neuf ans,
C'est le nouveau renouvellement,
Avec Dieu, parmi lesquels de nombreux rois verront Canaan.
Ainsi Abraham découvre Elohim, Dieu de la terre
Sans aucune prière particulière.
Par la simple pensée de son nom
Alors, l'Éternel envoie des mannes et des protections.
Elohim, change le nom de Saraï en Sarah,
Il lui dit qu'elle enfantera,
Dans un an Isaac, qui épousera Rébecca.
Sarah a maintenant quatre-vingt-dix ans,
Et fera rire Abraham longtemps …
Tout être humain qui sait rire et pleurer,
Réchauffe son corps fragilisé par des nuées
Par lequel passera le second récit de l'alliance …
De nouvelles épreuves, mais toujours la beauté de l'existence.
Abraham éloigne sur la demande de Sarah,
(Qu'il écoute et veille constamment)
Ismaël, pour ne partager son amour qu'avec son deuxième enfant,
Isaac, "celui qui rira."
Dieu se fait voir à Abraham aux chênes de Mambré, un instant
"Abram s'avança dans le pays […],

Jusqu'à la plaine de Môré."[vii]
À cet endroit Abraham offre l'hospitalité
Et près d'eux s'assit
Pour envisager la réalité de la vie.
Puis les hommes se lèvent de là
La pluie, autour du chêne vola.
La Terre avait reçu l'ordre de préparer Abraham,
Pour élever sans cesse son âme :
Au sacrifice d'Isaac, le dilemne du corps intérieur,
Et du corps extérieur.
Il est certain, qu'Abram avait ressenti la clémence divine …
Sinon, il n'aurait pas été sur le chemin du sacrifice,
Il monta sur la colline,
En tenant contre son cœur, son fils.
Abraham monta sur le mont Moriah,
Le petit (et si grand) Isaac entre ses bras,
Dans un semi-rêve, et Sarah priait
Et lui envoyait des forces en permanence d'amour.
Elle savait que son fils deviendrait,
Le père du jour,
Pour les hébreux.
Jonction spirituelle entre les cieux et la Terre.
Abraham, plein de courage ne regarda pas en arrière.
Pour Rachi, la terre de Moria'h : c'est la première Jérusalem.
Sur le lieu si plein de rochers blêmes,
Abraham élève un autel et lie son fils au bûcher

Derrière des flots de larmes intérieures qui coulaient.
Le messager Adonaï dit au patriarche :
Qui avait tant fait de marche :
"Ne porte pas la main sur ce jeune homme, ne lui fais aucun mal !
Car, désormais, j'ai constaté [ton amour primordial]
Que tu honores Dieu, […]."[viii]
Qui a mystérieusement pénétré tes yeux.
Ce sera donc un bélier qui ira sur le feu.
Que tu sois donc réconforté,
À tout jamais.
Et toujours tu entendras ma voix,
Puisque rien ne t'arrêteras,
Dans ton amour, pour moi.

Sarah, meurt à Hébron, et les larmes d'Abraham
Donneront à la grotte de Makpéla, des fleurs de flammes.
Et la vie continue donc par Isaac, aimé profondément de Dieu.
Isaac était alors en âge d'être heureux :
De se marier.
Et fut choisi la vierge Rébecca
Dont l'existence émergeait ce jour là.
Elle ne savait qu'aimer,
Elle propose à Isaac, l'hospitalité.
Et leur amour est scellé,
Alors partout, des montagnes aux forêts.
La Terre se remplit de chants à la fois doux et forts ;

Et dès lors le calendrier lunisolaire jaillit lumineux comme l'or ;
Et se règle sur le cycle métonique.
Le rang d'une année dans le cycle astronomique
Est appelé nombre d'or,
Qui correspond au calcul de la Pâques chrétienne :
Fête la plus importante du christianisme,
Espérée, comme un jour sans haine.
Puisqu'elle commémore la résurrection de Jésus.
Peut-être n'y aura-t'il plus dès lors de fanatisme …
Certaines églises chrétiennes ont voulu
Pratiquer la Pâque quartodécimaire,
En concordance avec Pessa'h
Qui bénit la liberté et la nourriture à la fois.
Ce qui est une décision extraordinaire :
L'union des juifs et des chrétiens,
Un nouveau matin.
Respectant la thématique de la transmigration,
Qui s'achève à Hébron.
Capitale du royaume de Juda,
Lieu du maintien de la foi.

Abram quitte Ur,
À la demande de Dieu,
Puisqu'il faut quitter l'idôlatrie, même si elle semble "pure."
Qui veut fuire par exemple l'idôle lunaire de Térah, autre lieu.
La migration d'Abram refléterait une idéologie

Théocratique
Et anti-monarchique
Qui fleurit,
Quotidiennement,
Dans le cœur des grands.
Qui transmettent tous les messages du vent et de l'océan ;
Et redonnent un espoir fulgurant.
Puisque c'est l'amour qui pose son nom dans le ciel,
Comme l'a voulu l'Éternel.
Abram restera une figure royale et prophétique,
Aux côtés des messages féériques.

Abraham est l'homme choisi par Dieu,
Pour sa force et son désir réels, de rendre le monde heureux.
Cet homme est prédestiné à un rôle universel,
Sous le contrôle permanent de l'Éternel,
Comme un nouvel Adam,
Premier humain, respirant la poussière et le vent.

La Licorne bleue et Adam

Dans la Bible, il est le premier habitant,
De la Terre, dans un jardin invisible.
Il représente la vie et l'amour toujours accessibles.
Son histoire est relatée dans le livre de la Genèse
Qui, pour le peuple hébreux restera bien plus qu'une hypothèse,
Il est ce premier homme créé par Dieu.
"Dieu dit : "Faisons l'homme à notre image,
[Je lui offrirai les plus beaux paysages]
À notre ressemblance,
[Pour un monde sans violence]
Et qu'il domine
[…] ; enfin sur toute la terre […]."[ix]
Dieu le regarde amoureusement et devine
Son destin, qui va s'envoler au-dessus de toutes les mers.
C'est un sourire dans les cieux,
Qui lui est proposé ;
À chaque fois qu'il ouvre les yeux.
Et l'amour allait s'avancer,
Vers lui,
Dans le jardin de la vie.
"Tout le temps qu'Adam
Vécut fut donc de neuf cent trente ans ;
[…]."[x]
Son existence allait commencer par l'admiration innocente,
D'un monde qui enchante,

Fait de fleurs, qui annonce l'amour
Auprès d'Ève,
Du début, jusqu'à la fin des jours.
C'est là le condensé de tout ce dont Dieu rêve :
L'énergie générique de la vie,
Et de l'humanité qui germait dans ce monde infini.
"*Les érudits des XVIème et XVIIème siècles tentèrent de localiser
L'endroit où Dieu avait planté son jardin aux délices.*"[2]
Mais aucune science ne peut définir ce paradis,
Ses arbres fruitiers,
Ou percevoir le vent qui glisse,
Sur ce tout premier bonheur
Où l'on n'arrache aucune fleur.
Parce que par leurs racines,
S'élève la volonté divine …
Et se marque en couleurs
Sous un ciel d'or,
De jours comme de nuits, à toutes les heures,
Et cette histoire marque l'histoire du monde encore,
Dans l'inconscient collectif de notre humanité,
(Assoifé de liberté)
Nom générique d'Adam.
Les rabbins y pensent tout le temps :
Adam et Ève, ont-ils été créés simultanément ?

---

[2] Ouverture de Jean Delumeau d'*Une histoire du Paradis*, Librairie Arthème, Éditions Fayard, 1992.

Ou, Ève a-t'elle été créée postérieurement ?
Le mystère de la création est présent dans tous les esprits
Nous sommes tous de retour quelquefois dans nos nuits,
Au paradis.
C'est le plus beau cadeau de Dieu,
Dans ce monde, que nahash a rendu furieux.
Pourtant l'amour et la joie continuent à nous rendre heureux.
Le tsadik, continuera d'honorer son père et sa mère
Et, selon leurs espérances, Adam et Isha forment une seule chair,
Dans l'intimité de leurs moments d'amour,
Protégés par la Licorne, jusqu'au moment du petit jour.
La Licorne galope sur toute la Terre
Et son chant est le plus pur chophar.
Les matins, elle réveille la Terre par quatre sonneries, et le soir
Teqi'a, premier son extraordinaire,
Terou'a, neuf sons où le rabbin observe un peuple exemplaire,
Chevarim, trois sons brefs qui remplissent les temples,
Enfin Teqi'a Guedola, moment où Dieu contemple
La force de son peuple, venue d'Adam.
Pour de très nombreux instants.

Le verset appelé "Protévangile", promet la victoire finale
Sur le serpent qui l'a trompée.
Il est donc normal,
De croire en l'authenticité
De la présence divine dans ce jardin

Qui est balancé entre le rêve et la réalité,
Le rêve de caresser ta main,
Et te retrouver demain ;
Et tout les jours où le contact sera sans fin.
Admettant la sotérologie, du salut de nos âmes,
Redoutant de Dieu, les flammes ;
Et espérant de lui un retour au paradis,
Pour les hommes et les femmes qui ont respecté la vie.
Ce qui est l'attitude la plus respectable,
La plus honorable,
Et protéger les enfants, les anciens des incapables,
De mener à bien des pensées
Jusqu'à ce que l'on atteigne le secret.
En espérant que chaque être, recoive le souffle sacré,
C'est là, ce qu'Ève offrit à Adam, lors de leur premier baiser.
Ce baiser qui sacre le mariage d'Adam et Ève.
Et que Flavius Joséphe a représenté dans une miniature,
Et comme toutes les œuvres d'art conduisent au rêve,
Traduisant tout l'aspect pur,
Figurant dans les *Antiquités Judaïques*,[3]
Et appartient au patrimoine unique
Et suppose l'existence réelle,
De cet amour éternel.
Qui atteint par l'intermédiaire de l'océan,

---

[3] Ouvrages de Flavius Joseph, écrits en grec adaptés par Salomé en 1918, traduits par William Whiston.

Tous les rivages où D. a inscrit le temps,
Pour que l'Homme reste vivant, le plus longtemps,
Avec dans les yeux, la vision des étoiles si proches,
Qu'elles forment des rêves qui s'accrochent ;
Pour conserver des esprits toujours proches.
Depuis le ciel, jusqu'à la terre,
Englobant tout l'univers
Ne serait-ce pas l'arbre de la vie (?),
Bien plus important que l'arbre de la connaissance,
Apparu pour donner la science, la chance.
Ces deux arbres appartiennent au paradis.
On connaît beaucoup de choses sur l'arbre du bien et du mal
Qui dirige les instincts de l'Homme et de l'animal.
Mais qui donne l'envie de science.
Au prix d'une momentanée mort.
Il était tout à fait possible d'approcher l'arbre de vie
Mais Dieu interdit l'approche du feu, qui brûle encore,
Et qui existait probablement,
Bien avant tous les commencements.
Et c'est dans cette flamme, que Dieu lança son avertissement :
"[…] l'arbre de la science du bien et du mal,
Tu n'en mangeras [nullement] :
Car, du jour où tu en mangeras,
[Tu te découvriras,
Tu reconnaîtras mon signal] !."[xi]
L'arbre de vie,

Restera toujours au paradis,
Même après le départ d'Adam
C'est sa façon de prouver son attachement.
Dès lors l'Homme devra respecter le macrocosme,
Et le microcosme,
Pour découvrir la cosmogonie
Et atteindre la force et l'amour infinis.
Contenus dans le nom ha adam : l'humain,
Figure du destin.
Et donne un sens collectif,
Et à l'espoir, un apprentissage festif.
Dans la première partie du récit adamique ;
Les êtres qui l'entouraient étaient les présences prophétiques.
Adam pourrait dériver d'une autre racine sémitique.
Et donner naissance à l'épopée babylonienne,
Par rapport à la mythologie qui éventuellement est éthiopienne.
Il est fait éventuellement mention d'Enuma,
Cette épopée décrit les origines du cosmos, le combat
Dans laquelle Ea tue
Kingu,
Et avec son sang créa l'humanité,
Puisque le sang est la substance inconnue et la plus sacrée.
Pour le bien-être du monde, le tien : je te donne mon sang,
Pour te regarder rester vivant.
Ensemble, nous nous aimerons dans les océans,
Tu seras ma plage,

Je serai ton rivage.
Oui, la vie peut encore être belle.
On parle d'un souverain d'Assyrie Adamu,
Fut-il un être exceptionnel ?
Personne ne sait qui il a connu.

A-t'il parlé les langues sémantiques,
Ou la langue adamique ?
Du moyen-orient ou dans la corne de l'Afrique ?
Dans la tradition juive, le midrash propose,
Toujours dans son cœur, la présence d'une rose,
Puis plusieurs commentaires sur le nom d'Adam,
Le premier être vivant.
Qui dans son amour, conçut une passion,
Avec Ève, sa première floraison.
Il l'a prise dans ses bras
Et l'aima pour la toute première fois.
Alors le ciel se fit silence,
Certains anges entrèrent en transe.
D'après l'angélophanie, l'apparition des anges,
Il y eut d'abord l'ange Raphaël, en contact avec les archanges,
Est envoyé pour assurer la descendance d'Adam
Comme celle d'Abram.
Les anges ont toujours veillé,
À ce que la clarté,
Reste dans le cœur, et de faire naître l'amour,

Jour après jour.
Et si l'on dit que la vie est belle,
C'est parce qu'elle porte en elle, les ailes d'El :
Qui désigne Dieu, la vie est un nom théophore,
Pour espérer tous les matins, voir des yeux brillants d'or,
Et de lumière.
"Voyageurs sur Terre,
Sur mer
Et dans les airs."
Puis vient l'ange Michel "qui est comme Dieu ?"
Toujours, prêt à unir les amours heureux.
Chef, céleste des anges du bien, qui pèse les âmes,
Le jour du jugement, derrière une douce flamme,
Il devient donc juge et guide,
Lorsqu'il sent la présence extraordinaire de l'amour le plus limpide
ADAM se compose d'Ed : "siège de la terre."
Et, il est juste de parler des racines qu'Adam a planté solitaire,
Dans un premier temps,
Et l'arbre de la vie, fut pris d'un mouvement,
Fulgurant ;
Ces racines courent sous la terre,
Jusqu'à la mer,
Que Dieu a toujours voulu protéger.
Puisqu'elle entoure de ses bras, l'île de beauté.
Mais la vie ne doit pas chômer
Et veiller, à effacer :

"Le dogme de l'incurable méchanceté
De [certains] hommes,
[Qui font croquer la pomme],
À, d'ailleurs chez certains de ses adeptes,
[Tous les membres des sectes, et de leurs concepts],
Une autre racine : un plaisir [mal placé]
À évoquer la race humaine murée
Dans une misère [qui doit se désengager]
[Pour échapper
À] une misère fatale et éternelle."[4]
Une nouvelle vision expectuelle.
Plantons donc des rhizomes,
Pour nourrir tous les hommes !
De telle sorte qu'ADAMA
Serait ADAM MA, "l'homme quoi",
L'Homme qui pose des questions
Pour faire naître la réflexion,
Qui loin du jardin s'avère
Nécessaire.
Cette plante "vivace",
Qui éloigne et identifie tous les rapaces.
Faire silence sur le mot "race."
Et continuer le combat contre les serpents,
Les êtres au cœur violant.

---

[4] Julien Brenda, *La trahison des clercs*, 1927, Édition revue et augmentée, Édition Grasset, 1964, p.192.

Rassemblons-nous et marchons en avant
Pour dénoncer tous les crimes et injustice,
Que la Terre ne veut plus supporter,
Toutes les catastrophes dénoncent les préjudices,
Liés à la folie de ceux qui ont le cœur et les yeux fermés.
Nous réclamons la dignité pour l'éternité,
Cette nouvelle année ;
Le monde va commencer à refleurir,
Et les humains cesseront de mourir,
Ou de pleurer seuls derrière des barreaux ;
Pour la justice, on en fera jamais trop !
Adam ne connaissait pas de prison,
Il ne se posait pas de questions,
Même si elles s'imprégnaient en lui.
Il a bien compris qu'ADAMA, la Terre, est le berceau de toutes vies
Et son nom EDAME résonne dans le jardin,
Répétant inlassablement : "je ressemblerai"
À ce que Dieu a voulu comme début et comme lendemain.
Alors il a tout commencé ;
Posant des millions de chérubins,
Qui le frôlaient, en lui caressant les mains.
Il a entendu la voix de son Dieu,
Et il a tout fait pour que le monde soit heureux,
Puisqu'il veille et aime de toutes façons :
Et parle à ses enfants en implorant des chansons.
"[...], il posta en avant du jardin [...]

Les chérubins,
Avec la lame de l'épée flamboyante,
Pour garder [la force éclairante]."[xii]
Et la lumière éclaire ainsi l'éternité,
Même si l'on suppose que malheureusement Adam a péché,
Mais, ce fut dans l'innocence de l'amour pour son isha.
Ils se suivaient pas à pas,
Et c'est bien là, tout ce qui fut important :
Leurs sentiments, comme un diamant,
Que nul, ne pourra détruire : même le plus violent des serpents.
Cependant, ils avaient des responsabilités
Conserver la sainteté de l'arbre de vie
Et regarder tout les oiseaux du monde y trouver le seul abri
Qui principalement interdit de tuer.
Car le meurtre est une facilité.
Caïn et Abel auraient pu se parler
Mais, ainsi depuis l'humanité rêve de fraternité.
Le langage a d'immenses pouvoirs
Et le mystère de la polysémie est le début de belles histoires.
Par exemple, le mot saint,
Qui a pour phonèmes correspondants : seins, et sain.
Cela veut-il dire que la femme a des pouvoirs purificateurs ?
Les femmes entendent les chants et les cœurs,
Palpiter et envoient tous les courages,
Sourirent à tous les visages.
Elles portent en elles, l'unique suffrage

De l'incarnation de la liberté,
Par leur douceur, et leur honnêteté.
Leur amour, parfois extraordinaire est la source de connaissance,
Et devient, dès lors pour l'homme une évidence.
La plus indispensable, la douce fragrance,
Transportée sur l'océannisme de la non-violence.

Peut-être cryptée dans le notarikon la combinaison des lettres
Qui s'envolent vers toutes les fenêtres,
Aux barreaux insoumis,
Pour déchiffrer la Torah, le sens de la vie.
"Elle n'est pas dans le ciel, pour que tu dises :
[En toute franchise],
"Qui montera pour nous au ciel et nous l'ira quérir,
[Pour enfin, un bel avenir,
Alors que tout semble aller au pire].
Et nous la ferons entendre afin que nous l'observions ?"[xiii].
Pour certains, l'étude de la Torah, semble la solution.
Tout est écrit dans l'Ancien et le Nouveau Testament,
Il suffit de prendre son temps,
D'apprendre à lire calmement,
Et constamment extraire des Écritures,
L'opposition entre nature et culture,
Pour l'abolir,
Et donner à l'homme un nouvel avenir.
Peu importe le degré de culture,

L'important est la nature.
L'Homme a dans son cœur, une porte toujours ouverte.
Il est important que la dignité pour tous, soit toujours offerte.
Tant qu'il y a de l'amour, il n'y aura pas de perte.
Laisse-moi t'offrir ce que je sais ;
Ma culture, si différente peut te donner envie de voguer
Sur d'autres océans.
Ce qui fut le rêve d'Adam :
Découvrir l'unique culture de la joie, de Dieu,
Certains Hommes restent jeunes, même vieux.
Puisqu'ils ont dans leurs espoirs, l'amour,
Qui entre tes bras, est superposé à la lumière du jour.
Peu importe les bruits,
Je n'entends que le son de ta vie ;
Et c'est tout ce qui m'intéresse désormais.
Puisque je t'aime et te respecte à tout jamais.
Si je ne dois plus te voir,
Je garderai le souvenir de ton regard.
Et j'enverrai des pensées
Pour tout ce que tu m'as donné :
L'amour du jardin,
L'énergie de tes mains.
Ce n'est pas la vie qui est un combat,
C'est l'amour qui réclame tous ses droits.
Dieu a offert à Adam, autre chose que la poussière,
De la Terre :

Il lui a offert son souffle divin,
Son esprit sain ;
Et à tous les chemins,
Dans ce très mystérieux jardin
Néphèsh parcourrait depuis les premiers temps,
Et c'est en s'allongeant sous le vent
Que le sixième jour, la vie l'éveilla doucement,
Avec des chants d'oiseaux, répandus dans toute l'atmosphère
Et la beauté tomba amoureuse de la Terre.
Adam sentit, le vent : la grandeur de la nature,
Comme une expression du sublime.
Dieu avait posé l'amplitude, sans aucun mur,
La direction vers la transcendance de l'intime.
L'intime est ce qu'il y a de plus précieux,
Chez tout les humains qui n'attendent que d'être amoureux.
Une composante de l'esprit, une force, une énergie
Qui produit le mouvement ;
Et redonne vie à la vie.
(Accompagnée par un sentiment tremblant).
La beauté est d'abord une expérience sensorielle,
Elle se développe comme la houle des océans,
Lorsqu'elle devient intellectuelle.
La culture est une fleur qui s'apprend par le sourire,
Comme tous les navires,
Hugoliens qui chantent la contemplation des temps.
Par cette jonction, Adam est toujours vivant !

Dieu en créant la beauté de ce premier être parfait
Avait créé la beauté ;
Qui pour Platon est associé au vrai,
Et au bien, comme une des idées les plus élevées.

À l'issue du péché originel,
L'intuition de la beauté du couple éternel,
Apaise la peur,
Et fait oublier l'horreur.
Dans la fusion parfaite de l'amour des belles âmes,
Pour que l'Homme retrouve en la femme,
Une contemplation de la beauté en soi,
Dans une caresse nocturne, aux ailes de soie.
Platon aime les mystères orphiques,
Sans dialectique.
De l'ascension de l'âme vers le divin,
Dans l'extrême douceur des premiers nuages du ciel, de ce matin.
"[…] Il fut soir,
Il fut matin […]."[xiv]
Et la création se reconnut dans le miroir,
Des flots marins.
Sur les projections du plaisir
L'envie d'aimer, de rire ;
Le tain transparent,
Qui reçoit la joie des enfants.
Pour eux, tout leur plaît universellement.

Ils se contentent d'une fleur de douceur,
De soins, et de la présence d'un cœur,
Qui bat lentement,
Au rythme d'une confiance
Offerte pour leur innocence.
Ils présentent la vérité,
Et donnent à leurs protecteurs : une conscience :
But ultime pour enchanter la réalité.
Créer le charme, la saveur de la personne,
Loin du serpent qui sonne.
Et créer pour eux, des forces sublimes
Qui les éloigneront loin des affres de l'abîme.

Pourtant, le souffle de Dieu vient d'un espace qui semble vide ;
Mais totalement rempli par l'amour puissant et rapide,
De la licorne qui caresse les roses des corps blessés ;
Et les emmène rêver,
Dans des mondes plein de pensées qui font danser les fées.
Puis, un jour
"Dieu examina tout ce qu'il avait fait :
C'était éminemment bien.
Le soir se fit, [volupté]
Puis le matin ;
Ce fut le sixième jour."[xv]
Puisqu' auparavant Dieu avait pressenti le plus bel amour,
Et il avait souhaité,

Qu'il serve d'exemple à toute l'humanité …
Dans un sommeil plein d'anges, il endormit le bel Adam,
Il lui créa une femme, avec qui il partagea tous les temps ;
Dans des vagues de lumière ;
Puisqu'enfin, le ciel s'était ouvert.
Rempli des premières couleurs
Qui descendirent sur le bouquet des fleurs.
Et l'être, le plus beau : la femme, devint sa compagne.
Ils tracèrent le chemin des montagnes,
Sur lesquelles les patriarches allèrent allumer le soleil,
Pour que chaque jour de vie, soit une merveille.
C'est ainsi que le Jardin d'Eden s'ouvrit,
Et pour certains devint le paradis.
Ils durent tant que leur amour, et gardèrent le Jardin,
Les mains dans les mains.
La porte sacrée, de ce lieu allait s'allumer
Et chercher la clarté
De la vision brillante des chérubins
Qui en entourant l'arbre de vie,
Feront de l'Homme, "celui qui prie".
Pour lui, leurs glaives sont tournoyants,
Et, plus tard quand Moïse sera présent
Les chérubins lui feront entendre parmi un incomparable instant
"[…] la Voix s'adresser à lui de dessus le propiatoire
[D'étranges histoires]
Qui couvrait l'arche du Salut, […] et c'est à elle qu'il parlait."[xvi]

De sorte que malgré, la consommation de l'arbre sacré
Dieu ne rompit qu'en apparence,
Son alliance :
Adam et Ève restèrent le plus grand amour pour le monde entier,
Et ainsi Dieu, force suprême structure l'univers
Avec d'immenses colonnes de blanches pierres,
Qu'il soutient de ses mains pour me laisser t'aimer,
Si la vie, nous en donne la possibilité.
Ève attend tout les jours la parole d'Adam,
Car, c'est le seul remède contre la voix du serpent.
La femme est si fragile, dans les bras d'Adam,
Que le monde se taira,
Et laissera écouter la douce voix,
De la paix universelle ;
Où les enfants regarderont le ciel,
En souriant,
En dansant,
En chantant.
Partout et seront en perpétuelle communion avec la vie.
Ils grandiront sans connaître la couleur du sang !
Et sera toujours respecté leurs yeux innocents.
Dieu offrira sa justice infinie.

Et il bénira,
Ceux qui ne crient pas,
Ceux qui ne tuent pas.

Par respect pour l'incroyable travail de l'Éternel,
Qui en six jours créa notre terre si belle.
Mais qu'est-ce qu'un jour selon la conception divine ?
Je rêve de rêver, non à une réponse ;
Mais simplement à retrouver mes origines ;
Même si cela reste abscons.
Le désir m'aidera dans ma quête,
Et j'irai à la conquête,
De la lumière permanente de tes yeux.
L'extase de ce chemin, sera simplement merveilleux.
Alors, ensemble nous pourrons rendre les gens heureux.
Des milliards d'oiseaux chanteront devant chacun de tes pas,
Et tu les entendras avec moi.
La vie reprendra ses droits :
L'espoir qui a sauvé,
Tant d'opprimés.
Un espoir qu'Adam et Ève se sont offert dans leur premier baiser.
Le vent a tout emporté,
Et la véritable Ève, sera pardonné.
Même, si elle est constamment humiliée,
Chassée, insultée.
Elle sera la plus fidèle au pays de l'amour,
Et se lèvera tous les jours,
Pour écrire sur le sable,
Le nom qui fera fuire le diable.

Urizen, incarnation de la sagesse
Des héros, comme du peuple souche de l'univers ;
Dans l'imagination forteresse,
De William Blake, il réimagine l'humanité, première et dernière.
Elle est représentée avec quatre livres représentant les Lois.
Il évoque l'ancien des jours : Albion en synéquation avec l'effroi,
De la présence des Keroubim, redoutables.
Pour atteindre enfin, une dimension honorable.
Tel un Adam perpétuellement enveloppé,
Dans la douceur des nuées.
Il restera l'Homme "primitif"
Dans et par le corps de son amour.
Il est heureux et joyeux sans détour,
Correspondance entre Dieu et la naissance du jour,
Un élan définitif,
Un élan spontané et toujours positif,
Vers son créateur :
Adam symbolise le premier homme et l'image de Dieu,
Le reflet du miroir secret renvoie à des jours heureux.

Un miroir qui parlerait à toute la vie naissante,
Comme le miroir d'une énergie douce, la composante
De mon amour pour toi,
Qui commença peut-être là
Ou avant :
Au commencement des temps,

Le Big Bang et ses premiers temps.
Au Big Bang, Dieu créateur mis le monde
Au monde,
Et l'Homme, dans cette divine ronde,
Qui va des planètes jusqu'à tes mouvements doux :
Tu es devenu un chef d'œuvre qui contrôle les actes fous :
Avec toi, plus de guerre,
Juste quelques prières
Que tu as entendu un matin,
Et tu m'as vu te tendre mes tremblantes mains,
Encore pleine de tendre rosée …
L'amour n'aura jamais cessé,
Depuis ce jour
Où est né notre extraordinaire histoire d'amour.
Le chef d'œuvre ne s'arrête pas à l'univers
C'est grâce à l'arbre de vie, qu'il voit à travers
Le zodiac, les planètes,
Et les jeux des comètes.
Qui traînent derrière elle, l'énergie
De ce que l'on appelle simplement la vie.
La vie qui ronronne au creux de l'arbre sacré,
Sans blasphémer
Depuis des milliers d'épopées !
Si tu savais déjà combien je t'aimais …
Je cherchais le soleil et j'ai trouvé ma merveille :
Toi qui demanda aux abeilles

De soulager les douleurs des Hommes issus de Jésus,
Jésus, créature mystérieuse descendue des nues.
Auquel l'Éternel posa sa tendresse, non sa puissance
Que son peuple admira dans l'attendue exigeance.
Jésus aimait, mais ne savait pas,
Que le destin commençait sur une terre de sable et de Lois.
Quelle différence entre l'amour et le commencement ?
La lisière entre eux se cache dans un indéchiffrable feu.
Tu es mon premier instant,
Dès que la lune est bleue.

Tout commença par l'apparition d'une certaine matière,
Une fleur de poussière,
Ou une poussière de fleur
Qui glisse sur mon cœur, uniquement pour ton bonheur.
Adam est à l'image de Dieu
Par opposition à la matière :
Adam n'est pas la volonté d'un jeu,
Il n'est qu'espoir et lumière.
De là découlent ces autres innovations,
Qui chantent pour colorer les prisons.
Ainsi que pour l'univers
Brillant du regard blond
Que distille ton soleil extraordinaire ;
La conscience, la responsabilité
D'un Homme qui a choisi d'aimer avant de guerroyer,

Qui offre la raison, la liberté, l'autonomie
Ainsi fut l'ultime cadeau du paradis.
Tous privilèges de l'esprit,
Mais d'un esprit incarné :
Dans sa présence de l'illimité.
Nous pouvons ainsi maîtriser,
Notre rapport au temps,
Et admirer la joie de l'éternité du rire des enfants.
Adam était aussi un enfant.
Apprendre à utiliser son temps,
Pour donner sa voix, celle de l'amour.
Sélah !
…"[…] dans la Loi de l'Éternel, [toujours là]
Et médite cette Loi jour et nuit."[xvii]
Et ne plus supposer l'étrangeté de la vie ;
Mais qu'est-ce que l'étrange réel ?
À l'époque biblique trouver sa frontière était une chose belle,
Aujourd'hui c'est un nouveau combat
Dont l'un des maîtres s'appelle AMNESTY INTERNATIONAL
Et Jérôme Ruiller cherche à placer au juste endroit,
Dans la dignité intégrale,
Pour trouver une porter universelle
À l'être qui cherche une vie qu'il a déjà connue : fleurs dans le ciel.
La vie, le monde appartenait désormais à Dieu,
Et Adam devait les yeux sur tout l'espace, projeter ses vœux
Dans les cieux immanents,

Pour aimer tout le temps
Et s'enrouler dans le vent.
Aimer Adam, c'est contempler la beauté
Espérer tous les possibles de l'humanité :
Et de le faire pour te faire chanter :
Quand tu seras dans le creux de mon âme
Je me sentirai pour la première fois : femme.
Et je verrai le roi David qui entoure la ville de Jébus étendue
À l'extérieur de la vieille ville.
Notre amour sera défendu
Dans la liberté de toi, et mes amis : ma seule famille,
Dont tu es le patriarche,
Bien évidemment le gardien de cette arche
Que j'ai entraperçu en admirant ton génie,
Que seule comprend ma folie.
Tu n'es plus image, tu es réalité
Et je te laisse deviner mes rêves et ses secrets.

Il existe peut-être un second Adam
Et la faute répond à un autre vent.
Apparaît la grâce, la sainteté et la vie éternelle
Et j'ai senti une beauté exclusive et tellement réelle
Que seuls les rois futurs peuvent imaginer.
Toi, tu es ma réalité,
Mon système solaire
Mon explosion diamantaire,

Que je porte dans mon corps,
Lorsque je te sens si doux et si fort.

Le second Adam symbolise donc tout ce qu'il y avait d'exact
Et Dieu à travers ses actes
Élève l'absolu,
Jusqu'à nos deux corps nus.
Où la mer nous couvrait de son manteau bleu,
Parce que nos corps sont vitaux et judicieux
Les vagues symbolisent la peur de la mort par la résurrection.
Elles emportent la vie,
Et la fait refleurir dans et pour la réminiscence du paradis,
Les vagues sont comme les femmes : des horizons.
Et lorsque je nage, j'entends le premier mot d'Adam
"Et la renommée de David se répandit dans tous les pays,
Et l'Éternel imprima sa terreur à toutes les nations."[xviii]
Ainsi fut préservé le paradis
Par de David, le simple chant ;
Si doux, si juste et si patient
Pénétrant
Et des anges, les chansons.
En écoutant la voix de l'Homme que j'aime
J'entends la voie de celui qui sème.
Et je sais qu'il le laissera vivre éternellement,
Parce qu'en son cœur, se réfugient tout les enfants
Les rêves de tout les innocents

Qui offrent leurs rires comme des diamants.
Adam ne connut ni la liberté, ni la prison
Il devint peu à peu un être de raison.
[Saint-Paul a magnifié cette antithèse
[Un Adam de glaise]
En maint passage
[Pour devenir comme les futurs sages] :
Le premier homme a été fait âme vivante,
[Et la pythonesse fera taire son âme savante]
Le dernier Adam ;
Le dernier Adam
Est un esprit
Qui donne la vie.
Mais ce n'est pas le spirituel qui paraît d'abord ;
C'est le psychique, [de l'esprit l'or]
Puis le spirituel.
Le premier homme, issu du sol, est terrestre
Le second homme, lui vient du ciel
[Un être pédestre].[5]
Il existe une étroite relation entre le premier Adam
Et le Christ, nouvel Adam (?)
Ainsi la légende dit qu'Adam
Meurt un vendredi le quatorze Nissan
À la neuvième heure :

---

[5] Corinthiens 15, 45-50 ; Romains 5, 12-17.

Le premier Adam jamais ne meurt !
"Tout le temps qu'Adam
Vécut fut donc de neuf cent trente ans ; [...]" xix
Il n'avait aucune peur de Satan.

Pour saisir le symbolisme des liens entre Adam
Et le Christ avec Adam
On peut évoquer encore son dialogue.
Avec Adam dans le paradis de Dante
Comme une partie de la stèle du décalogue
Qui chante encore et chante.
Lit on avec les influences iraniennes
Et néoplatonociennes
Mais aussi dans les traditions juives
De la Genèse qui semblent ou qui ne semblent pas fictives.

Avant cette animation, suivant la kabbale ;
Il est appelé Golem
Personne ne lui apprit le mal.
Il marchait sur un sol où l'étoile mystérieuse sème
Les prémisses d'une histoire d'amour miraculeuse
On ne sait si ce fut Lilith ou Ève, la plus heureuse.
Mais une fois le premier Adam décédé, un arbre croîtra
Et qui deviendra l'arbre de la croix.
Golem fut-il façonné d'argile ?
Sur cette Terre, unique île.

L'envahisseur n'existait pas,
Et quelque part, il n'y avait que toi et moi,
Envahis d'un amour dans lequel Dieu posa son âme ;
C'est pourquoi, je serai toujours ta femme,
Et les paroles de notre amour nomma les êtres vivants ;
Et ton regard se laissa envahir à la découverte du vent.
Un vent fleuri,
Le vent de nos vies épanouies à l'infini.
Le simple son de ta voix me fait ce plaisir que l'on appelle passion
Je t'aime si fort que je n'ose prononcer ton prénom.
Un prénom qui fait s'interroger
"Sur le mystérieux **Fils de David** ? C'est l'Oint royal,
Prince de l'aube rayonnante, [venue de la présence sidérale]
Souverain du nouvel âge d'or [et qui est en fait le premier]
[...] Il est l'**ADaM** régénéré,
Le Roi de la paix harmonieuse."[6]
Pour que l'infini gauche et droite décuplent une vie amoureuse.
Ainsi je ne te perdrai jamais :
Ève te sera donnée,
Telle que le sont tes rêves d'enfant :
Parce que tu fais fuir Satan, rien qu'en riant.
Puis un Ève et Adam se lient et procréent
Dans un instant où sourient les fées
"Or ils étaient tous deux nus,

---

[6] J. et Ch. Baryoster, Premiers pas vers la kabbale, Édition Fernand Lanore, 312 p., p.271.

[...],
Et ils n'en éprouvaient point de honte [sur leurs faces
[Dès lors, ensemble ils évoluent
Et laissèrent de nombreuses traces]."[xx]
Chaque heure correspond à un moment fabuleux,
De ce couple merveilleux :
Symbolique de l'existence
Où la kabbale élance.
Les noms d'Adam et Ève sous un aspect de roi et reine :
Des seigneurs d'amour qui éloignent la haine ;
Et caressent la licorne qui bénit les juifs et les chrétiens,
Et apportent la lumière chaque matin.
Voir la lumière, c'est simplement imaginer tes mains,
Courir sur le rivage, vers toi.
Alors tu me serres contre toi, dans la douceur de tes bras.
Et nous devenons les amants
De tous les printemps,
Qui souples, se penchent pour unir nos baisers,
Un amour plus fort que la réalité.
Et tu deviens l'homme dans sa forme la plus pure :
Kadmon, symbole du Dieu vivant en l'homme.
Et cet amour dans ma nature,
Le premier homme spirituel,
Qui contemple et aime la Terre, de façon éternelle.
Fait de toi le seul homme qui refusa la pomme.
Et cet univers nous maintient dans la contemplation :

Je suis la solution de ta solution,
La liberté et la joie de nous aimer,
Toujours, chaque fois plus près.
Mais jusqu'où iras-tu ?
Je pense à toi, tu m'as toujours émue :
Le premier jour où tu posas ton souffle sur mon anima
Je suis dans la plus belle prison quand je te vois.
Tu me laisses te parler des fleurs de tous les pays,
Où chaque enfant aura sa part de paradis,
De sable, de vent et d'énergie :
Tu es l'exaltation de la vie,
Tu es la force qui revit,
Quand ton désir se fait masculin et si doux, si doux.
Et par antonomase, énonce sa qualité essentielle
Les fous sont à tes genoux.
Ils m'offrent des dentelles,
Qui ne sont faites que pour toi.
Toi !!
Dans la tradition kabbalistique, Adam serait aussi une synthèse
De l'univers créé :
Mais sait-on quelle(s) thèse(s) veut-il proposer
Pour que jamais ne meurt notre hypothèse.
Supposer mon amour ne suffit pas
Nous devons le vivre au moins une fois,
Sinon ma vie n'aurait aucun sens.
J'apprends par ta connaissance

Qui m'est partiellement inconnue, parce qu'immense.
Tu respectes toutes les formes d'existence.
Je vais chercher les fleurs à la première lueur
Pour qu'elles cicatrisent ton cœur.
Te voir souffrir est une torture : mais déjà tu me souris,
Alors j'imagine la première création, la première vie.
Réunies par Dieu, à partir d'une poussière translucide,
Et qui s'envole sous un ciel extralucide,
Et je m'envole sur la Terre, du roi David.
Notre amour est gravé jusqu'aux quatre points cardinaux,
Et le ciel se confond avec les eaux
Et l'on imagine les chevaux de la liberté sur les plus doux flots.
Parce que le cheval symbolise, la force de tous les animaux ;
Et Adam a créé et surtout discerné la naissance de la bleue
Licorne ou étoile, oui Adam et Ève furent très amoureux.
Ils ne connaissaient qu'une façon de vivre : s'aimer,
Selon l'Éternel, sa volonté …
La création commence avec des gestes de fusion,
C'est-à-dire d'union.
La fusion entre un homme et une femme
Se caractérise dans le symbole de la coexistence des âmes.
À présent je suis le modèle d'Ève heureuse.
Je veux t'offrir des nuits rêveuses,
Ou ce sera toi,
Qui viendra,
Encore ces nuits,

De toutes nos vies.

On parle d'adamah,
Quarante quatre fois,
Dans l'Ancien Testament.
Moi, je parlerai de toi tout le temps,
Parce que ma vie est un champ
Qui t'accueille dans ta réalité,
Je te fais comprendre que ton ancêtre est une vérité,
Et répond à tous les mythes : décrire, expliquer.
Je n'écouterai que toi,
Parce que tu es mon chemin, ma voie,
En mon cœur, jamais tu ne mourras.
Tu es l'être suprême en humanité,
L'exemple parfait :
Sa primauté est d'ordre ontologique, naturel :
Tout simplement, belle, réelle.
La Bible présente Adam comme le plus homme,
Des hommes.
Et dans mon amour infini,
Je ne mangerai pas la pomme :
Je préfère goûter ta vie.
Parce que ton cœur est un ruisseau qui s'écoule dans mes veines,
Il me suffit de penser à toi, pour que disparaissent les peines,
Un roi de l'humanité,
À qui je voue un amour puissant et vrai.

Tu es le premier,
Et tu deviens une priorité,
Dans le temps offert par l'Éternel : son cadeau,
Ton regard est si pur, si beau.
J'ai besoin de te donner mon amour,
Pour que chacun de tes jours,
Soit une réponse à tes questions
Par le souffle de Décalion,
Tu es l'apparition de l'esprit dans la création
Par l'animation de la matière,
Et l'homme que tu es abreuve mes déserts ;
Et pour que cette eau soit fraîche, viennent les prières.
Sans question,
Juste un son
Doux comme un chef d'œuvre bleu
Qui m'a ouvert les yeux
À l'image de son créateur,
Et donne à la fois joie et peur.
Comme un Laos, à la fois peuple et pierre,
Et comme dans un murmure se projette dans la mer,
Toi qui parles aux déferlantes vagues, chasse le mal,
Et rejoint la petite étoile,
Dont Adam rêva
Pour la première fois ;
Parce que le rêve
Est à la source de la vie,

Elle s'appelle Lilith ou Ève.
C'est l'amour qui réunit
Sur une relation de visages.
Le tien, près du moi : sage,
Souriant,
Tremblant
Présentant ces innovations dans l'univers :
La conscience, la raison, la liberté,
L'autonomie, la responsabilité.
Tu fais fuir les créatures de l'enfer,
Tu es la première pureté,
Qui donne envie de ne jamais se quitter :
Le primo prior selon l'histoire,
Un commencement de l'espoir
Un homme juste, un premier soleil,
Dans un monde où Dieu plaça nos merveilles.
Tu m'as offert l'amour,
Pour ce premier jour,
Mais qu'est-ce qu'un jour sur l'échelle du temps ?
Juste un premier être vivant.
Il remplace la certitude de la mort, par celle de la résurrection,
Parce qu'il connaît toutes les chansons.
Tes mélodies,
Apportent ma vie,
Vers un univers ébloui.
Celui-ci se caractérise par l'importance donné à la métaphysique,

Et par des expériences mystiques :
La cause première l'Arké est toujours assimilable à Dieu.
Sur Adama, Dieu a posé ses yeux,
Et m'a laissé rêver d'un vœu,
T'aimer et te rendre heureux,
Devenir à la fois,
Ton alpha et ton Omega.
Parce que je remplis le vide de ton passé,
Et que tu me guides vers chaque instant de ta vérité.
La vérité du premier homme : terre labourée
Qui me laissera venir déposer mes graines et mes fleurs ;
En toi, c'est toujours le bonheur
Le plus profond, responsable de l'ordre de l'univers
Et l'endroit, jaillit de l'envers.

Mais l'argile si fine, utilisée par Dieu est prise au centre de la terre
Sur le mont Sion, considéré comme le centre de l'univers.
Et *"[…] sur le mont Garizim, pour la bénédiction*
À donner au peuple, [qui vient de naître, heureux]."[xxi]
Avec la naissance de la vie, naquit le Korban, sacrifice ou pardon
Mais pour Adam, rien ne se condamne, il fut si valeureux
Puisqu'il nomma les êtres vivants :
Un sens identique est présent dans la kabbale des grands
Qui parle de Dieu sous un aspect de roi et reine, amants.
L'amour est la seule fleur de la vie,
Et laisse s'évader la folie

Que D.ieu arrose de ses larmes de joie,
Et m'a fait connaître : Toi.

Adam est aussi une synthèse de l'univers,
Pris au centre et au nombre de la Terre.
Adam exprima également les points cardinaux,
Seigneur de la terre et du ciel quand il reflète les flots.
Je placerai de l'Est,
À l'Ouest,
Des éclats de lumière
Et du Sud au Nord, derrière,
Notre lumière.
Je l'ai reconnu parce que c'est toi, mon amour,
Lipsius, cité par Scholem parle à son tour,
Voit le symbole éternel,
Le sceau et le monument de l'amour de Dieu et de la Terre.
La Terre, si belle
Reste une planète qui accepte les prières,
Et je vais vers toi,
Indiscutablement,
Irrésistiblement,
Puisque tu es le plus beau de tous les rois.
La personnification psychologique de la Terre,
Et la sensation mythologique de l'univers.

Et selon le poète Fintan

Adam est le symbole de la traversée du commencement,
Il connaissait les quatres bras-fleuves et ne tarda pas, ...
À commencer à aimer la mer, symbole de cet au-delà
Qu'est la poésie :
Ressentir le vrai parmi la folie et les interdits.
Dans le but de te promettre que tes rêves vont s'attacher aux miens
Puisque tu es le premier homme, et que pour toi je suis poète,
Et chaque jour, pour toi, j'irai de plus en plus loin,
Les mensonges explosent en toi et s'arrêtent,
Devant ceux et celles qui t'on dit oui, mais qui faisaient le contraire.
Moi, j'écoute les voix de mon père et de mes frères
Et je découvre la beauté du *"Premier homme"*[7]
Et ses voyages dans le monde, comme
Dans la quête de l'alliance bleue,
Une terre douce, mais de feu.
Là où les poètes ont l'impression de force, de confiance
Et un certain magnétisme de bienveillance.
De sensibilité, et préférer ouvrir ton cœur
À mon regard pour jouir de ton bonheur,
Puisque c'est là le but de toute création.
Dieu laisse faire, en chansons.
Heureuse la femme qui fait de l'homme, un rêveur,
Et, tranquillement lui offrir tous les bonheurs.
Offrir un rêve, voir danser la licorne bleue

---

[7] Albert Camus, *Le premier Homme,* Édition Gallimard, 1994, 331 p.

Et savoir qu'Adam ne dira jamais adieu.
Lilith ou Ève, vers qui fera-t'il son retour,
Quel fut son premier et unique amour ?
Il paraît que ce fut Lilith, qui offrit la pensée magique,
Et une expression biblique.
L'analyste pourra y voir les symboles de la progression,
De l'Homme et de la Femme sur la voie de l'individuation.
Il les fait exister comme individu,
Sur une Terre qui brillait sous leurs vues.
La retrouvaille avec son "moi",
Le contact des mains, les doigts
Qui me viennent exclusivement de ton aura.
L'intégration de toutes ses puissances,
Qui lutte contre l'ignorance,
Dans une unité synthétique
Et dynamique.
Le premier geste d'Adam,
Se fit en direction de l'amour et de l'océan.

Dans leur ordre de leur succession, et de succès dans le temps,
Enfin, une victoire assurée avec le respect du vent.
Gershom Scholem,
Dans la même foulée aime
Le Talmud et l'hébreu,
Une certaine science des vertueux :
Le Sefer Habahir, texte de la kabbale

Provencale.
La question d'Adam à toute heure
Rassure les kabbalistes sur leurs mondes intérieurs.
Cette œuvre immense a fait naître la kabbale,
Dans le champ académique idéal,
Des sciences humaines,
Elle en devint une connaissance souveraine.
"Par son étude exhaustive
De l'histoire de la mystique juive,
Scholem nous a donné accès à un univers intellectuel,
Comme une fenêtre virtuelle
Dont presque personne ne connaissait l'existence,
Et qui pourtant allait éclairer les hommes de par sa présence"[8].
Il fut toujours attentif,
Et préventif
À ce que le sionisme
Ne sombre pas dans le nationalisme,
Ni dans le popularisme,
Et préserva entre le rationalisme,
Un judaïsme,
Ouvert sur la liberté.
C'est ainsi que la joie de la paix pourra arriver.
"Puis, des deux côtés de l'arche d'alliance du Seigneur,
[…], se rangèrent, [des chants de cœur…]

---

[8] David Biale, Ghershom Scholem, *Cabbale et Contre-histoire*, Édition de l'éclat, 2001, p.11.

Vers la montagne de Garizim, […] selon l'ordre de Moïse,
[Dans le destin de la Terre promise]."[xxii]
Précisément dans l'acceptation
Des trois Korban, du pardon.
Adam et Ève seront toujours,
Les premiers enfants de l'amour,
Et les ancêtres des juifs, des chrétiens et des musulmans.
Leurs murmures intimes toujours sacrés sous le vent.

La Licorne bleue et l'agneau

La licorne pose ses genoux,
Devant le cadeau
Qui résiste et tient debout ;
Et éléve la pureté tout en haut
Non du sacrifice
Mais d'un édifice
D'amour
Qui donne une raison de vivre à chacun, chaque jour.
L'agneau, appelé autrefois agnel
A pour femelle l'agnelle,
Et il est représenté depuis la nuit des Temps,
Comme l'un des plus essentiels éléments
Dans la douceur de la vie,
D'hier à aujourd'hui.

Cependant, certains agneaux noirs
Étaient sacrifiés au début de chaque histoire
Des marins grecs, sur la mer Égée ;
À la plupart des divinités.
Bien sûr, principalement à Poséidon,
Dieu des océans en surface et de leurs tréfonds.
Pour les croyants chrétiens, l'agneau renvoie l'image du prophète
Le berger, …
Que depuis le commencent n'arrête
Et offre ses plus belles idées :

En présentant les plus essentielles qualités,
Telles que la bonté, la générosité.
L'agneau des chrétiens est offert en la venue,
De Jésus.
Cette question a été abordée, sous les angles de la religion,
Mais aussi par la précise attention
Des philosophes qui encadrent l'existence
Sans en oublier aucune nuance.
Mais dans tous les cas, fait remonter la notion
Jusqu'à l'agneau dit "de Dieu."
Incitant aux mortels, les larmes à couler des yeux,
Et, c'est alors la licorne qui vient
Dans le petit matin,
Recueillir dans son immense amour,
Les larmes de chacun de leurs jours.

Alors apparaît la Beauté,
Et l'humain de s'émerveiller
Devant le microcosme,
Le macrocosme.
Comme un *sentiment océanique*,[9]
Une sorte de compréhension magique :
La volonté induite de se ressentir en unité avec l'univers

---

[9] Romain Rolland né en 1896 et mort en 1944, écrivain, musicologue, historien, a travaillé pour l'Université de Paris et appartient au mouvement dit «Pacifisme». Il a pour maître Joséphine Martin, et a été récompensé en 1915 par le Prix Nobel de Littérature.

Qui entend de bien nombreuses prières,
Et qui parfois se situe hors de toute croyance religieuse,
Mais qui n'éteint jamais la flamme heureuse
Vertueuse de la contemplation
De la douce licorne et du pur Agneau.
Autour d'eux s'agencent les mots.
Au-dessous du monde des perceptions sensorielles
Et de l'activité mentale bien réelle.
Il y a l'immensité de l'être
Du connaître et du paraître.
Il y a une vaste étendue, une vaste immobilité
Et une activité à la surface qui n'est pas séparée.
Ainsi la vague ou la goutte d'eau dans l'océan
Rendue confiante par un très doux vent.
Comme l'a défini André Comte-Sponville[10]
Reconstruit l'idylle
De l'état de conscience,
Qui ne relève pas nécessairement de la croyance,
Et juste de la naturelle pertinence
Qui vit en nous, et qui est une expérience bouleversante
Qui nous enchante
Et entraîne notre conscience
Sur l'ineffable présence
Des vagues qui ne sont pas séparées de l'océan.

---

[10] André Comte-Sponville, toujours vivant, est un philosophe français, auteur de *Le bonheur désperément*, influencé par Baruch Spinoza, Michel de Montaigne, Épicure.

Et se rassemblent en y croyant,
De plus en plus, à chaque instant.

La présence d'un agneau rappelle,
Que l'expérience originelle
A été racheté par Jésus, l'agneau de Dieu qui a complété l'histoire
De l'humanité, à chacun de ses déboires.
Les agneaux figurent dans les représentations faites au berger,
Ou de la Nativité.
La tradition chrétienne l'associe également à la Pâque, de même
Le peuple juif parsème
Son histoire de prophètes,
Dans une connaissance discrète.
Précisément comme Élie, prophète d'Israël, après Salomon.
Il réalise de nombreux prodiges,
Avant de s'envoler dans un tourbillon,
Et conduit la Licorne, à des vertiges
De joie, d'amour, de contentement
Toujours troublants
Ainsi qu'un comportement régénérant.

Enlevé par un char céleste, Élie est vivant
Éternellement,
(Originaire de la ville de Tishbé, au nord de la rivière Yabhoq)
Il rendra le peuple juif, fort comme un roc.
Celui-ci lui attribue de nombreux "sorts,"

Comme : ressusciter les morts,

Et faire descendre le feu du ciel.

Un feu sacré qui protège tout Israël

[…] "Par le Dieu vivant, […], à qui s'adressent mes hommages !

[En respectant tous les êtres sages]

Il n'y aura, ces années-ci,

Ni pluie

Ni rosée, si ce n'est à mon commandement."[xxiii]

Et c'est avec la veuve Sarepta, qu'Élie connut ses commencements.

En effet, Élie dès lors

N'est jamais vraiment mort

Comme l'a dit Rabbi Éliazar

Et de plus avoir

Surgi dans une synagogue pour former le *minyan*[11]

Comme, le dixième crâne.

Qui apporte de bonnes nouvelles, secours et consolation

À tous les êtres, sans exception.

Annonçant la paix et le bien dans le monde à venir

Plaçant dans le vent des chansons et des rires.

Évoqué également dans Le Livre des Chroniques,

Récapitule l'alliance Daviddique.

Élie est fêté

Le vingt Juillet

Par les orthodoxes et les catholiques.

---

[11] Quorum de dix hommes adultes nécessaire à la récitation des prières les plus importantes de tout office ou de toute cérémonie, au sein d'une synagogue.

Plusieurs montagnes portent son nom, par éclats
Dont la plus connue est le mont Saint Élias en Alaska.
Dans la langue autochtone, il deviendra
Yaas'éit'aa Shaa,
Ce qui signifie *"La montagne au-delà de la baie de glace"*
Élevant le regard du prophète, jusqu'à de nouveaux espaces.
Certains historiens attribuent le choix du nom Saint Élias
À Vitus Jonassen Béring, explorateur danois,[12]
Qui s'interrogera
Sur l'existence de cette montagne là.

Cette montagne, en respect pour Elijah.
Qui après la mort des prêtres de Baal
Fut réveillé et nourri par un ange.
Qui découvrit en lui, le prophète idéal
Et se rapprocha de lui sans aucun mélange
Élie mange et se rendort,
Mais en veillant encore ;
Et apporta sa bénédiction dans la demeure de la veuve de Sarepta.
Ainsi que l'avait prévu l'Éternel
Élie s'accordait non seulement avec les lois,
Mais en plus devançait le réel
Par la présence de ses miracles,

---

[12] Vitus Jonassen Béring, né à la fin du XVIIIème et mort au début du XIXème siècle, près de la péninsule du Kamtchatka, au service de la marine russe, connu par les marins sous le nom d'«Ivan Ivanovitch Béring».

Sans aucun oracle.

Durant les temps messianiques, qui marquent la fin de ce monde
Se pose un roi, issu de la lignée de David, éternellement féconde.
Cette vision eschatologique,
Fondée sur la dimension biblique
Sous-tend toute entière le sens de l'histoire d'Israël
Et de l'humanité.
Le roi David est un roi immaculé
Loyal, juste et fidèle
Aux yeux de l'Éternel.
De sa bouche ne sortent que des mots purs,
Et sa grande force lui attribue un cœur à la fois doux et dur.
Il sauve Israël de l'exil
Le conduit dans les voies de la Torah : indélébile(s)
Et nous conduit à la paix universelle,
Toujours sous les mystères du ciel.
"L'Éternel, [par l'intermédiaire du plus grand des rois]
[Réunira le peuple encore une fois]
Et mettra un terme à [son] exil,
[Dans une audace difficile]
Au sein des peuples parmi lesquels [il aura gouverné]."[xxiv]
David sera pour toute l'humanité "le bien aimé."
Protecteur de tous les enfants,
De tous les continents.
À son nom se mêlent la force et la pureté de l'agneau

Toujours sous la bienveillance du Très-Haut :
Il y a des jours de victoire et des soirs de pluie.
Mon amour pour lui est, a été et sera infini.
Il est le symbole de la plus noble des vies :
Dans le creux de ses mains se couche l'amour bleu,
Et je prie pour lui envoyer mes vœux,
Que la licorne tapissera d'or
De fêtes et d'amour encore !
Alors tu comprendras :
"[…], la chose est tout près de toi :
Tu l'as dans la bouche et le cœur,
Pour pouvoir l'observer."[xxv]
L'agneau, est invincible et apporte le bonheur
À chaque crise de l'humanité ;
Et toujours croîtra vers une magnifique bonté.
Tu proposes l'océan,
Je ferme tes yeux doucement
Et, ensemble nous nous aimons en chantant.
L'amour de l'agneau est ma loi,
Et tu acceptes d'en être le roi.
Comment te remercier ?
En faisant courir sur l'écume des milliers de baisers,
Pour, toi David que j'ai cherché et retrouvé.
Plus rien ne nous séparera désormais :
Nous avons les mains liées pour toute l'éternité.
Tu écartes le mal par un seul de tes sourires

Et tu fais entrer la lumière dans l'avenir,
Comme un champ de soleil, d'amour et de désir.
Faire entrer ta personne dans ma demeure est une bénédiction
Tes pas sont des chants d'oiseaux,
Ton langage est la porte de la raison
De vivre, d'aimer, de respecter et de fleurir tous les mots.
Depuis que je t'ai vu,
Mon être est à nu
Et la licorne libre de galoper dans tous les mondes
Dont tu es partout le roi vivant pour chaque seconde.
Même le temps ne te fait pas peur
Et tu évoques Maïmonide[13] à chaque heure :
"[…] *Le messie sera un très grand roi,* […]
[Il transmettra de grandes joies]
Sa réputation
Parmi les nations
Sera plus grande encore que celle du Roi Salomon. […]
Ce sera un temps où le nombre d'hommes sages augmentera
[…], *la guerre n'existera plus,* [*dans ces temps là*]"[xxvi] ….
Le prophète Isaïe
A prédit :
"Le loup vivra avec l'agneau
Le lion dormira avec l'enfant"
(Sans montrer les dents).

---

[13] HaRav Moshé ben Maïmon.

[Dans les âmes, l'espoir sera haut]
Toutes les nations
Retourneront à la vraie religion,
Et ne voleront
Ni n'opprimeront plus."[xxvii]
Et d'Isaïe à Élijah,
Le monde sera une fleur tournée vers toi.
Les cieux se dévoileront nus.
"*[… Et l'éternel enverra] Élie, le prophète,*
Avant qu'arrive le jour [et de fêtes],
Grand et redoutable !"[xxviii]
Ou sera définitivement anéanti le diable.
La paix sera alors si profonde que même les animaux carnivores
Se feront doux et de velours.
Comme un nouveau trésor
Glorifiant et la lumière et l'amour
La paix, se fera enfin sous un ciel d'or ;
Et les nuages glisseront lentement sur la courbe de l'horizon.
Chaque oiseau chantera sa chanson.
Ton désir deviendra le fruit de cette pureté
Dont la licorne ne cesse de rêver.
S'accorde avec le point de vue des juifs réformés :
Qui rejette l'idée d'un Messie qui dirigerait le monde, car
Aussi juste soit-il, la seule histoire
Réside dans la liberté de choix.
Qui n'existerait pas sans toi,

Puisque tu es la pluie du ciel,
La mémoire de la première étincelle
Que je devine dans tes yeux, lorsque tu me dis aurevoir,
Pour mieux te retrouver chaque soir,
Où, je rêve de toi,
De la douceur de tes yeux, de ta voix.
Tu es l'existentiel, l'essentiel pour moi.

Tu es ce roi qui se grave dans mon esprit,
Chaque jour et chaque nuit
Qui apprivoise toutes les licornes de ma vie.
Dans un commencement
D'un tout nouveau temps,
Où la douceur sera vouée,
À chacune de tes éternités.
Tu revis à chaque vague de mon rivage,
Et j'attends ton passage
À chaque fleur déchue
Dans mes yeux nus,
Lorsque je ne suis pas à côté de toi ;
Et que je ne cherche que toi et moi…
Tu es cette pureté
Qui porte le nom prestigieux d'humanité …
Veux-tu épouser la lumière ?

La Licorne bleue et les ailes

Son parcours est bien réel,
Elle reçoit l'eau du ciel.
Elle reçoit les promesses
Dans le son de ta voix, ma tendresse :
Tu m'offres les plus belles fleurs
Lorsque tu viens et que tu m'ouvres royalement ton cœur.
Ta présence anéantit la peur
Et symbolise l'envol du sol à l'espace.
Mais elle est inaccessible, et ne laisse aucune trace.
On peut voir ses ailes se mêler aux nuages bleus et blancs,
Et cela ne sera jamais troublant,
Mais au contraire exaltant.
L'apercevoir ailée, rappelle Pégase, son cousin
Qui respecte et se tait devant son chemin.
Et dans ce silence (où l'on entend encore quelques chants)
La licorne accepte le temps
Qui devient un allégement,
Et non plus un poids chronophage.
La licorne adoucit, redéfinit les paysages
Dans un désir de libération,
Voire de dématérialisation
Sur les ailes qui dessinent le chemin de l'amour,
Pour :
La terre,
(Qui est née dans la lumière)
Les fleurs,

Les rivières :
Le printemps qui chaque année te propose un nouveau bonheur.
Si tu veux bien de moi,
Encore une fois
Et pour les premiers instants,
Revivre doucement.
Sans cris, sans violence,
Dans le silence
De l'honnêté de ton amour.

Cette lumière libère l'âme ou l'esprit
En l'accentuant, éternellement vers ta vie,
Puisque tu es mes ailes,
Mon corps universel.
Éventuellement, dit subtil : éthéré
Aérien, léger.
Je n'ai pas besoin de boussole,
Pour mon envol.
Je suis guidée par ton étoile,
Qui agrandit, constamment le champ sidéral.
En ce qu'elle sous-entend l'affranchissement de la pesanteur.
Et nous pouvons nous envoler à toute heure …
Il n'y a plus leurs ordres à respecter,
Seule prédomine, la joie de t'aimer.
Dans tes yeux, je vois le ciel de la liberté,
De l'éternité.
L'envol s'applique universel,
Dans son aspiration à l'état supra-individuel.

Nous sommes unis dans la conception
Des plus belles chansons.
Tu es mon profond,
Tu es mon horizon,
Ailé,
Dérivé
Jusqu'à l'océan que tu as découvert dans mon cœur.
Et qui te raconte une nouvelle histoire de la Douceur.
Éternisée avec une trame vermeille
Et les échos de ta merveille.
Ta faculté connaissante,
Associée à tes ailes apaisantes.
Tu es ma vie déferlante
Et je souris devant ton amour ineffable,
Fière de tes envols inéluctables.
Alors, je me couche sur le sable et j'observe le ciel,
Pour caresser par la pensée, tes ailes.
Pour comprendre l'ésotérisme alchimique
De l'image de l'aigle dévorant le lion fantastique.
Des images de ton univers onirique
Dont je conserve la clé,
Sur mon rivage de baisers.
Acceptes-tu de t'envoler
À mes côtés ?
Je rejoins le ciel dans tes bras,
Et à chaque fois que tu penses à moi.
À chaque fois que tu viens dans mon refuge
Tu comprends, tout tel un démiurge.

Le ciel n'a plus de secret, ou si peu …
J'ai besoin de tes yeux,
Parce qu'ils décuplent la puissance de mes vœux.
Et sourient à ton sourire, de sourire bleu.
Ta puissance : couleur océane
S'écoule diaphane.
Je suis ta transparence,
Tu es ma plus belle chance,
L'unique : celle que j'attendais,
Sur les ailes de l'amour enfin exploré.

Tu pourras trouver en moi,
Les ailes de la joie,
Qui sont attachées à ta pneuma.
Laisse-moi être le souffle ou l'esprit aérien,
Qui plane depuis loin
Jusque dans le creux de tes mains.
Je veux être la raison de ta réalité :
Le cinquième élément de ta vérité.
Les ailes de ton amour sublime, depuis qu'il est envisagé ;
Parce que tu es mon livre secret.
Je suis heureuse de sentir ton souffle à côté de moi,
Car ce souffle d'amour me donne plus que la vie
La sensation de caresser l'infini,
La sensation de vivre encore une fois,
Jusqu'à demain
Avec le souvenir de tes mains.
Ton pneuma n'est pas inconnu de ma philosophie

Puisque j'y pense toutes les nuits.
Les stoïciens récitent dans ma mémoire
La plus belle histoire :
Ton bonheur sur les ailes de mon amour
Parce que Empédocle était aussi un poète, un médecin[14]
Il évoque l'arkhé et le cosmos sans fin
Qui se construit aux alentours.
Cet arkhé qui contient tous les archanges
Mais n'autorise que le mélange,
Étrange
Qui apporte l'origine, la cause :
L'explication de toutes choses.
Empédocle privilégie la forme poétique
Pour décrire sa philosophie identique
À celle des présocratiques.
Les écrits d'Empédocle ont été commenté avec enthousiasme
Directement, uniquement, sans chiasme
Par Lucrèce, Hölderlin, Nietzsche et Bachelard
Des grands penseurs de l'histoire
Qui aiment méditer sur le cosmos.
La terre, les étoiles qui brillent et veillent sur les fosses
Des combattants des perceptions telluriques et stellaires
De tout notre univers.

---

[14] Empédocle, né vers 430 av. J.-C. et mort vers 430 de la même ère, de l'école des présocratiques, il s'intéresse à la cosmogonie, l'ontologie, l'éthique et la médecine. Il a pour idées remarquables : les quatre éléments, une conception cyclique du temps et du cosmos, une dualité des principes. Il a été influencé par Pythagore et Parménide. Sa pensée principale : «Toute la matière est constituée de quatre éléments, l'eau, la terre, l'air et le feu.»

Pour Empédocle, par l'action du ciel, la Terre reste tranquille
Par l'effet d'un tourbillon qui l'entoure, comme le vent d'une île.
Bachelard transcrit la même magie de la Terre et du feu,
Comme le rêveur, devant l'âtre de la cheminée du bois silencieux.

Simplement,
Tous les matériaux constituant le monde,
Sont composés de quatre éléments
Et préservent la vie féconde.
S'envolent depuis les mystères
De Gaïa, la Terre-mère.
C'est l'apparition de l'élément-terre,
Qui sollicite le système solaire,
Centre de lumière,
Et la plus massive des planètes telluriques,
Protégée par un gaz fantastique,
Qui préserve : l'eau, l'air, le feu.

L'eau est abondante et existe sous plusieurs formes,
Au sein de différentes surfaces
C'est là, la première norme
De la vie
Avec de nombreuses interfaces.
Respectant la présence de toutes les bactéries ;
Que la main de Dieu a posé dans
Le premier océan :
"*Dieu dit : "Que les eaux fourmillent d'une multitude animée[…].*"[xxix]
Ou à l'intérieur d'un grand nombre d'objets célestes,

Le ciel surgissant d'une longue sieste.
Optant pour la création maximale : la plus pieuse idée.
Source de vie et de culte depuis les origines :
L'eau est une substance multiple et divine.
La licorne aime plonger
Ou bien flotter
Dans les océans, les lacs, les fleuves, les rivières
Elle secoue sa crinière
Et confie sa force aux ruisseaux :
La plus étrange des eaux.
Parsemés de petits rocs, on peut y marcher pieds nus,
Et danser en chantant que c'est bon d'être un humain.
Quelque fois élever sa vue
Jusqu'a un signe divin.
Dans cet univers,
Les nuages interstellaires
Se concentrent dans des nébuleuses stellaires
Et des système solaires
Que nous connaissons bien,
Nous : humains.
L'eau initiale, du premier jour
Peut être trouvée dans les comètes,
Les planètes,
Où je rêve de notre amour …
Les planètes naines et les satellites
Restant aussi des centres de vie induite.
À chaque fois que tu dis : "oui"
Je m'élance dans ta vie.

Et je suis heureuse de croiser des vents solaires
Qui volent au-dessus de la Terre.
Beaucoup d'entités dans ce monde, ont des ailes…
Et c'est tant mieux car elles rendent la vie humaine belle.
Ton sourire et ton regard allument le foyer de mon âme
Qui s'épanche vers le flux de ton désir,
Que je reçois comme ton sourire, ton rire.
Tu me parles et je suis femme.
Nos deux mains se frôlent et je te réponds :
Souvent je te parle en chansons,
Et tu me parles avec le regard d'un lion.
Le lion de l'amour,
Dont je rêve depuis tellement de jours …
J'attends ta venue près de moi,
Puisque je sais bien que c'est toi.
Le plus grand roi,
Qui se bat pour la vie,
Et respecte de l'exode, tous les versets :
Pour contempler.

Tu es mon oxygène, mon air
Tu me complètes sur Terre.
Tu t'envoles dans mon corps et dans mon esprit,
Et je te reconnais, rien qu'à ton ombre dans la nuit,
Je t'aime pour toute ma vie :
Tu me fais voler
Jusqu'à ce que je te rejoigne dans l'éternité.
Nous nous y aimerons jusqu'à l'envol de ce premier baiser

Dont je ne cesse de rêver.
Et ma bouche respire ton air
Je ploie vers la puissance de ta lumière,
Et je t'embrasse dans ta puissance ailée
Et j'attends des sommets
Dont tu ne soupçonnais l'existence,
Avec toi la licorne décuple toutes ses chances.
Elle renaît invisible, incolore
Rallume le filigrane d'or
De l'air.
Chaque substance de toi, présente dans l'univers
Donne envie à tous les éléments de se fondre dans le creux de tes mains
Tes mains, deviennent par la force du désir, mes mains
Et toujours nous volons dans nos consciences,
Nos inconsciences,
À la recherche d'un seul instant
Où nous sommes ensemble :
Tu occupes désormais tout mon temps
Et je tremble
Chaque jour en t'attendant.
Tu es l'eau qui se présente à ma bouche lorsque j'ai soif
Souvent, je devine tes doigts qui me décoiffent.
Tu es plus puissant
Que tous les vents.

Dans l'antiquité des penseurs grecs les éléments
Étaient mis en mouvements :

Thalès de Milet se penchait sur l'eau,
Héraclite d'Ephèse : savant du feu
Qui vole sur les flots,
Lorsqu'il fait chaud en été ou dans tes yeux.
Tu es mon amour et Anaximène ne me volera pas ton air
Et Empédocle, conclut que les quatre éléments sont la terre.
L'endroit exact où je t'ai connu
Dans nos désirs nus
Que ma plume ne cesse d'évoquer,
Les mots semblent bien désuets
Pour décrire l'amplitude infinie de l'amour que je vis tout le temps
Pour toi :
L'unique amant
Que mon corps attend
Depuis la première fois
Que tu t'es présenté chez moi.
Depuis, je suis pleine de tous les éléments,
Pour te donner vie à chaque instant.
Tu es mon plus beau prétendant,
L'enfant
Et l'amant,
Mon corps n'aime que toi,
Mon esprit se transporte de joie,
Lorsque tu es à côté de moi.
Combien d'instants j'ai rêvé
De tes baisers,
De tes mains étalées,
Sur mon feu.

Laisse-moi regarder tes yeux,
Lorsque je prononce ton prénom
Le soleil se couche derrière ton étoile,
Et je vole sur les voiles
De la nef, du plus grand amour de tous les temps
Protégé par le cycle des saisons
Et aimer l'homme qui n'est plus un petit garçon.
Chaque année au moment du printemps
Les éléments se rassemblent jusqu'à l'instant
Où le plaisir, la bonté, l'intelligence forment le cortège
De ce mariage plus ou moins virtuel dont je rêve.
Cela n'est pas un péché
Que de t'espérer …
Je veux planer dans tes bras
Et protéger tes ailes pour toutes les fois
Pour entendre tes soupirs.
Chaque fois que tu construis notre avenir.
Je suis les mots
Qui t'arrache à la faux,
Tu es le papier et l'encre,
Qui n'a plus de prix.
Dans le feu,
Bleu
De la poésie.
Qui répond à toutes tes envies.
Je te laisse décharger ton ancre
Dans l'océan de ma vie
Et le bleu nous envahira

Encore une fois.
J'ai besoin d'entendre ta voix
Et de tendre les mains vers toi.
Nous avons en nous tout l'océan du monde
Sur nos bouches ouvertes qui forment une ronde,
Qui sera la trame de tous les étés
Où je serais contre toi serrée
Dans la chaleur d'un amour, jamais consommé.
J'aime, je suis patiente
Et je me remémore ta présence qui chante :
Tu es un homme, beau, bon et sage.
Et ressentir de l'amour pour toi, est normal,
Laisse-moi apprendre à être ton idéal,
Ton système et ton cœur optimal.
Et si je suis plus fragile qu'un coquillage
J'accepte de devenir le paysage,
De tes nuits solitaires
Pour mes nuits solitaires.
Nous nous aimons déjà me diras-tu,
Que puis-je répondre à cela
Mon sourire te compléteras-tu
Si tu reviens jusqu'à moi ?
Traversant,
Tous les éléments
Dirigés vers le feu de mon amour pour toi.
Je remercie Dieu, de t'avoir fait naître homme
Et moi, femme.
Ton parfum est par excellence, le baume

Qui enveloppe mon âme.

Tes mœurs s'apparentent parfois à celles des oiseaux
Tu choisis de t'envoler là où il fait bon et beau
Au soleil, fragile de mes regards
Lorsque tu arrives toujours en retard.
Le temps est si long dans ces instants là ;
Et quand enfin, tu es là
Avec moi
Le rêve s'ouvre et devient plus beau qu'une fleur.
À croire que tu es né pour mon bonheur.
Mais je ne suis qu'une femme qui couche sur le papier
Ses rêves d'amour avec toi et d'éternité.
Veux-tu devenir le feu du feu de mon soleil intérieur ?
Laisse-moi t'ouvrir toutes les portes transparentes
De la pluie,
Lorsqu'il commence à faire nuit.
Dans mes songes tu m'enlaces
Et l'obscurité ne laisse de traces
Que mon souffle fou qui parcourt,
Ton désir d'homme plein d'amour.
J'accepte d'être ton secret,
Mon sod, inavoué.
Ton envol s'applique universellement,
Dans l'espoir de mes sentiments ...
À mon âme,
Dans son aspiration à l'état supra-individuel :
Le désir d'une femme.

Qui porte à toi son ardeur et sa fidélité,
Intemporelles.
Ton seul rival existentiel
Sera peut-être le temps.
Alors, vient doucement
Au pays de la liberté,
De vivre et d'aimer.
Alors on entendra la licorne chanter
Dans l'originelle forêt
La nuit, toutes les journées.
Et si tu viens avec toute ta douceur,
Libre à toi,
De t'endormir tel un roi
Sur un lit de fleurs.
En attendant de me serrer contre toi.
La nuit s'ouvrira
Pour toi et moi,
Pleine d'anges, qui restent innocents devant l'Éternel,
Alors la vie sera de plus en plus belle.
Puisqu'ensemble nous atteindrons les cimes de l'amour total.
Nous découvrirons cet idéal
Dont aucun philosophe n'a su parler,
Seuls nos cœurs connaissent les secrets de l'amour.
Et notre plénitude verra le jour,
Au jardin des anges et de ton exclusivité
Dieu fermera le rideau des cieux, sur notre secret.
Nous deviendrons le symbole d'état spirituel, ailé :
Nos ailes se confondront

Sur l'horizon
De ta beauté,
De ta bonté.
Qui se succèdent d'éternité en éternités,
Au gré de ta félicité.
Ton bonheur, je le connais
Il se confond avec l'élément AIR, subtil par excellence
Tu es le champion de la vivifiance :
Le printemps de la plus sobre délivrance.
Écoute-moi chanter avec les oiseaux
De ton arbre aux grelots.
De tes racines, jusqu'à tes fruits,
Tu deviens la quintessence de ma vie.
"Ah ! me dis-je, que n'ai-je des ailes comme la colombe ?
[Pour t'aimer jusqu'à la tombe]
Je m'envolerais pour établir [ailleurs]
Ma demeure."[xxx]
Et, partout où j'irai, je porterai ton souvenir
Sur la fin des empires,
Qui ont le cœur fermé,
Au-dessus de la terre sacrée.
La colombe volera toujours plus haut, dans son espace
Qui s'appelle air de grâce.
Et désignent la puissance divine, sa béatidude, son incorruptibilité
Qui accordent l'amour et la liberté,
À tout jamais,
Et à chaque fois,
Que tu penseras à moi.

"Tu me feras connaître le chemin de la vie,
[De son début jusqu'à ton infini]
La plénitude des joies qu'on goûte en ta présence,
[Dans la plus belle confiance],
Les délices éternelles
[Mais bien réelles …]."[xxxi]

Selon Grégoire de Nysse, si Dieu,
L'archétype qui rend les gens heureux est ailé,
L'âme créée à son image possède ses propres ailes.
Et, tu trouveras la réponse à tes questions : l'étincelle
De ta fulgurance,
Qui reconnais la cadence
Du pas de la licorne, qui triomphe toujours,
Car elle ne connaît que le langage de l'amour.
Et par cette voix sublime : l'homme se rapproche de Dieu.
La licorne sait bien où se trouvent tes ailes bleues.
Alors ton âme ailée, monte plus haut,
Et le ciel vers lequel elle se dirige
Est sans défaut.
Tu es la tige,
Sur laquelle, naissent les roses
Et où tous les chemins ruissellent pour la même cause.
De fleurs en fleurs, l'ascension est permanente
Vers un monde pur, où tu m'enchantes.
Et dans cette direction
Ton être ailé symbolise le déplacement,
L'affranchissement

Des conditions de lieu.
L'espace est toujours ouvert pour nous deux,
Car notre amour est un sentiment que Dieu reconnaît
Comme l'une de ses plus belles vérités.
Vérités,
Volontés …
Quelle est la vérité de l'Éternel ?
"[…] Croissez
Et multipliez !
Remplissez la terre […]
[Dans la lumière
De votre amour et de votre respect …]."[xxxii]
Cet envol de nos cœur est l'entrée d'un état spirituel
Vers la connaissance de l'état d'homme et de femme
Bercée par les ailes
De la victoire, de la puissance de nos âmes.
Éloigne les monstres, et continue à transmettre les messages
Doux, sans rage.
Tu es tout mon être ailé :
Ma joie, mon plaisir, mon identité.
Le soleil qui s'envole encore un matin,
Vers la pesanteur aérienne de ta bouche sur mes mains.

Table des matières.

La Licorne bleue et Abraham 7
La Licorne bleue et Adam.. 29
La Licorne bleue et l'agneau 69
La Licorne bleue et les ailes.. 81

Références bibliographiques

[i] Jos, 24.3
[ii] Gn, 12.6
[iii] 1Sm, 7.1
[iv] Jg, 21.19
[v] 1Ch, 13.5
[vi] Gn, 14.19
[vii] Gn, 12.6
[viii] Gn, 22.12
[ix] Gn, 1.26
[x] Gn, 5.5
[xi] Gn, 2.17
[xii] Gn, 3.24
[xiii] Dt, 30.12
[xiv] Gn, 1.5
[xv] Gn, 1.31
[xvi] Nb, 7.89
[xvii] Ps, 1.2
[xviii] 1Ch, 14.17
[xix] Gn, 5. 5
[xx] Gn, 2.25
[xxi] Dt, 27.12
[xxii] Jos, 8.33
[xxiii] 1Rs, 17.1
[xxiv] Dt, 30.3
[xxv] Dt, 30.14
[xxvi] Moshé ben Maïmon
[xxvii] Mishné Torah, Hilkhot Mélakhim, chap. 12
[xxviii] Ml, 3.27
[xxix] Gn, 1.20
[xxx] Ps, 55.7
[xxxi] Ps, 16.11
[xxxii] Gn, 1.28

© 2019, Sandrine Adso

Edition : Books on Demand,
12/14 rond-Point des Champs-Elysées, 75008 Paris
Impression : BoD - Books on Demand, Norderstedt, Allemagne
ISBN : 9782322080731
Dépôt légal : Juin 2019